Un día sin horas
Gustavo Franco

LACUHE
Ediciones

Un día sin horas

Copyright © 2024 Gustavo Franco

ISBN: 9798329483727

(PRIMERA EDICIÓN)

TODOS LOS DERECHOS RESERVADOS

LACUHE Ediciones

Lacuheediciones@gmail.com

Impreso en los Estados Unidos de América

Diagramación y diseño por el equipo de LACUHE Ediciones

Diseño de la portada por Ignacio Andrade

Queda absolutamente prohibida la reproducción total o parcial de esta obra sin el consentimiento del autor.

A todos los que forman mi mundo, en especial a ti.

Un día sin horas

Si la Tierra hablara

Sufrimiento entre rocas
inmensidad de lluvias vertidas al mar
qué diría el viento atravesando bosques y montañas
en un terremoto de dolor

Pena de ustedes, me violan una y otra vez
roban mis tesoros sin piedad
ignoran mis llantos en un huracán
se burlan de mis sentimientos hasta el final

Me usan, me reúsan como un objeto
un proveedor permanente de bienestar
carbón, minerales, gas y petróleo
fuentes inagotables, ¿para quién?

Madre Tierra para algunos
la marginada del medio ambiente
en vida sembrando
lo que la muerte cosecha

Despertó la Tierra con heridas profundas
tsunami de lágrimas a su alrededor

llorando lava en sus entrañas
enfrentando con valor sus opresores

¿Qué diría la Tierra si pudiese hablar?
si la Tierra hablara
perdonaría a sus inquilinos por última vez
exclamando con rugido potente

¡Ya basta!

Tu silueta

Suena el teléfono
¡Hola! Buenas tardes
¿sabes quién habla?
Una voz femenina preguntó

Si contesto que no
estoy mintiendo
si contesto que sí
también por igual

Tu dulce voz
ha conquistado mi corazón
dibujando tu imagen en mi mente
de forma borrosa

La duda que sembraste
aclarar se podría
si sólo pudiese mi razón
tus contornos delinear

¿Y el teléfono?
Siguió sonando todos los días

Desilusión

Hay quienes mueren cuando menos lo desean
moribundos la aclaman y no llega
extraño fenómeno la muerte

Te acoge en sus brazos cuando la desprecias
y…
te niega sus caricias cuando lloras por ella

Sorpresa

Un oasis fingido me atrajo a ti
las flores que sembré en tu corazón
emitían un aroma de desierto y sol

Al tocar sus pétalos
en mis manos quedaron incrustadas
las espinas del cactus que en ti creció

Basta

El ruido no me engaña cuando el silencio calla

son palabras que se lleva el tiempo

La tristeza no me engaña cuando la sonrisa florece

son lágrimas que desembocan en el río

La enemistad no me engaña cuando la amistad es sincera

son pensamientos que nublan la razón

La imaginación no me engaña cuando la realidad es palpable

son momentos tatuados en el recuerdo

El odio no me engaña cuando el amor aparece

son emociones vividas por equivocación

La vida no me engaña cuando la muerte ocupa su lugar

son memorias nacer, gozar y vivir

Madre

Eres el aliento de vida
una expresión formal
habitando en nuestro espacio
cariño nunca faltará

El sí que predomina
a todas nuestras inquietudes
seamos niños, adultos o jóvenes
tu presencia es esencial

Nuestro alimento cotidiano
si llegaras a faltar
¿Qué sería de nosotros?
pero tu espíritu siempre nos guiará

La palabra hecha amor
conjugando el verbo en todos los tiempos
la naturaleza transformada en mujer

Eres simplemente tú
¡Madre!

Exhausto

Estoy cansado de teorías dudosas que lo explican todo
resultados ambiguos que parecen perfectos
errores minúsculos en gran proporción
la repetición inequívoca de lo mismo

El tiempo que me esclaviza
gobiernos ambidextros con una sola visión
colores transparentes que muestran la realidad
mentiras verídicas controlando las noticias

La paz que provocan las guerras
seres humanos convertidos en conejillos de Indias
animales ocupando puestos presidenciales
el sí complaciente y del no ficticio

Y algún día…
me cansaré de ustedes

Transferencia

La imagen de tu cuerpo se escapa de mi mente
imagen palpable, imagen recorrida
imagen perdida en el corazón

Desnúdate una vez más para recordarte
delinear con mis ojos y plasmar tus contornos
que se escabullen con el tiempo

Como siempre

Siempre lo mismo
había una vez
aunque no sea la primera
y sea diferente

Una te amé con locura
otra te odié en pensamiento
mentira parece
pero una vez no hubo otra

Hubo una como nunca imaginé
pensé que era la última
interrumpiendo mi corazón
esta vez quedé sin aliento

Entre tantas veces
no nos atrevimos
a amarnos

Y pensar… que hubo una vez

Luna

Te busqué en lugares vacíos
llené tu esperanza de mí
para llegar a vivir
ocupando tu tiempo
                        Perdieron los colores su aroma
                            el arcoíris no te impresionó
                                  llegó la lluvia
                                para en agua morir

Seguí tus huellas
buscando un camino
desperté mi sueño
hecho realidad
                        Seguiré recorriendo la distancia
                            que el puente nos separó
                                albergaré las dudas
                                    en mi interior

La luna declaró su intención
acompañarme a solas
sin preámbulo
en un cuarto menguante

Inspiración

Manantial de pensamientos
descubro en tu cuerpo
cada rincón es diferente
más profundo, más original

Educarme en él quisiera
llenar mi cerebro de ideas
plasmarlas en el horizonte
que encierra tus contornos

Aprovechar tu interior
sembrar la semilla amor
cosechar en tiempo y espacio
lo insólito, lo especial

Proyecto

Producto de la misma semilla
que una vez se plantó
cosecha estéril
de resultado tú y yo

Sembrando en ilusiones
como nuestros antepasados

Labrando sin sentido
en un proyecto *in vitro*
humano si se tiene suerte

Dejaremos la agricultura
por creaciones de laboratorios

Desaparecerán los sembradores

Loyola

Lugar de esperanza para un pueblo
llevando a toda la nación
formación, sueños y profesionales

Sembraste una semilla
en las entrañas de San Cristóbal

Hoy sigue multiplicándose

Nos acogiste a todos por igual
pobres, ricos y los menos afortunados

IPL al nacer te llamaron
integridad, patriotismo y lealtad
valores que no han de faltar

Resultado de un gran proyecto
creaste los caminos
que nos educan al andar

Masculino por naturaleza
femenino en el corazón

devorador de ignorancia

Alma mater de nuestros inicios
forjador de hombres ejemplares
para la dominicanidad

Dejaste huellas en todos
muy difíciles de borrar

Cicatrices profundas
de educación, superación

Y sobre todo…
de amor

Recolecta

Sembrar una esperanza en tu desierto
cosechar frutos esotéricos

Navegar hacia ti en todas direcciones
sin brújula
con el instinto de llegar

Un espacio reducido nos abarca
prisión eterna

Mi mente

Poemarte

Si la poesía fuera un verbo
poema una conjugación
juro que te poemaría
para toda la vida

Te poemo en el momento
que se entrecruzan nuestras letras
intercambiando miradas extrañas
de una poesía irregular

Tú has poemado en mí
como ninguna otra poesía
esa forma pluscuamperfecta de tu ser
me transformó en futuro

Te poemaré para siempre

Primordial

Parados, agarrados de manos
mirándonos frente a frente
queriendo decirnos algo
un suspiro, un silencio, un sentir
                Desde el primer día lo supe
                    serás mi complemento
            compartiremos alegrías y llantos
                    en la misma habitación
Soñé contigo teniendo sexto
situación extraña
nunca tuve quinto
deseos no faltaron
            Recuerdo cuando disfrutamos el primero
                que felices fuimos el segundo
                    el tercero y el cuarto
                lo pasamos en la misma celda
Como olvidar esos días
cuando amábamos lo que hacíamos
recibimos placer profundo
producto de la educación

Retorno

Volverán las negras golondrinas
por la mirada de tus ojos hacia el horizonte

Regresarán con el pico vacío
presagiando hambre, mal tiempo y dolor

Retornarán llenas de esperanza
buscando un camino entre la gente

Traerán sus recuerdos vividos en tinieblas
volando hacia el sol

Morirán agobiadas por el viaje
precio a pagar por la libertad

Resucitarán las negras golondrinas
a un nuevo amanecer

Entre nosotros

¿Por qué no?

Por qué no escribir una poesía fácil y refrescante
rimar con palabras de significados ambiguos

Describir la verdad o la mentira
en términos extraños de un ego indiferente

Expresar cosas de la gente en un almanaque
dejar que crean hoy los sucesos de antaño

Amplificar la sencillez llamada realidad
convertirla en la ilusión de una historia a contar

¿Por qué no? Plasmar en papel
el hoy, mañana y siempre

Aunque duela

Amor en frío

Primavera en invierno
amor por interés
en cada motivo tú

Flores congeladas
con colores místicos
falta de polen

Nieve esparcida
cubriendo tu imagen
en cada pétalo

Frío susurrante
llevando a tu oído
el canto del ruiseñor

Sufriendo en primavera
helados momentos
junto a ti

Recurrente

Nació de la espera
año lo llamaron
dispone de doce meses
para lograr sus propósitos

                        Niño travieso al fin
                        jugará con la naturaleza
                        sus favoritos atmosféricos
                        dejarán tristezas y alegrías

Breve tiempo para
legar historias
en la mente de cada uno
difíciles de borrar

                        Vino solo al mundo
                        en su lecho de muerte
                        clama la compañía
                        de nuestros hermanos

No conforme con su trabajo
deja su heredero continuar
burlándose del tiempo
una y otra vez

Sin rastro

La vida ha llegado
el caos se avecina
se adueña el desorden
de forma natural

Todo se resume en ser
lo que pude fui
soy la circunstancia
otro ser seré

Mi vida en silencio
acostumbrada a callar
seguirá la senda
dibujada en papel

Al morir sin pena
me llevaré el ruido
no dejaré huellas
en el plano terrenal

Gustavo Franco

Exploración

Navegando las mentes obtusas
descubriendo laberintos
que nunca terminan

Aquí frente a ti con mi brújula
dando pasos circulares
sin ninguna dirección

No encuentro tu Norte
aunque del Sur me aleje
viajaré contrario a la mentira

¿Quién lo diría?
Marginado

Humano

Un conflicto llamado guerra
exterminándonos en contradicción
sacrificando todo lo existente

El tiempo que transcurre
la distancia a recorrer
las risas, las lágrimas

Los sentimientos
odio, amor, muerte

Deshumanizar las leyes
transgrediendo la naturaleza
en busca de libertad

Todo alrededor
me parece humano
incluso

los latidos de tu corazón

Ocurrencia

Cualquier cosa
en cualquier lugar
puede suceder
no necesita espacio

Transcurre el tiempo
en mi mente
minutos llegan
para quedarse

Los acontecimientos de hoy
llegaron ayer
tardan lo suficiente
para ser olvidados

Cualquier cosa
en cualquier lugar
ocurre a diario

El alumno

Plasmando su obra en un pupitre
recuerdos de su niñez y aventuras

Septiembre, verano, futuro
el tiempo no se detiene

Espacio reducido
momento de reflexión
manteniendo la palabra
en el margen derecho

Completando el círculo
de imágenes geográficas
ciencias, matemáticas, español

Giros inesperados
que determinan su educación

Gustavo Franco

Estructura

Palabras sueltas
sin ningún diccionario
expresando incertidumbre

Profanando mi cerebro
con ideas inverosímiles
día a día

Encontradas al azar
en mi mano
en el subconsciente

Llenando una página
de símbolos
convertidos en frases

Palabras amarradas
en estilo peculiar

Nació la oración

Eterno

Por más que corrí
el tiempo me alcanzó

Yo transformado
me reconoció al mentir

Él…
Como si no pasara el tiempo

Somos

Somos los hijos de la religión
la separación de los engendros
el producto de la política
designios de otro mundo

Somos los hijos de la economía
que se enarbola sin temor
destruyendo el futuro
en nombre de la globalización

Somos el resultado de miles de años
depredadores en tiempos modernos
acabamos con la naturaleza
para procurarla de forma artificial

Somos sin saberlo
un experimento ancestral
conjunto de seres humanos
con una insaciable sexualidad

Somos la razón que nos creemos
jugando con la paciencia universal

Un día sin horas

imitando la creación de la vida
confiando *in vitro*

Somos del reino animal el macho alfa
acumuladores de riquezas y poder
destinados a llevar la manada
al holocausto final

Transformación

Se nos fue la vida
dejando atrás los años
cayendo uno tras otro
llevándose el tiempo
                      Simplificando los esquemas
                        dejando las obligaciones
                      simulando descanso eterno
                      trabajando un poco menos
Atrás quedaron motivos
incluso la carne cambió
todo transformado
odio, rencor, amor
                      La vida toma su rumbo
                      dejando todo en su lugar
                      lo poseído, lo ganado
                      en el pasado se perdió
La alegría, las risas
expresiones monótonas
para nuestro nuevo documento
de identificación

Aquellos

Por aquellos que sin saberlo fueron
los que fueron sin aquellos saberlo
los que supieron que aquellos fueron
y aquellos que no supieron ser

Ellos inspiraron la historia

Gustavo Franco

Día

Otro día me es indiferente
ayer estuvo aquí
nunca pensé volver a verlo
hasta hoy
mañana, sin embargo, será otro día

Cosas de madre

Pensando yo un día
¡por mi madre!

Las cosas de la vida
que nos hacen alegrar
¡por mi madre santísima!

Aquellas que nos hacen llorar
¡tu maldita madre!

Haciéndonos sentir
que la madre tierra
nos quiere tragar

La Madre Naturaleza
nos hace reflexionar
sobre la belleza interior

¡Gracias a Dios por nuestra madre!

Distante

¿Cómo el hombre se alejó de Dios?
Habiendo un camino
¿por qué otro creó?

Aró la tierra y enterró el amor
germinaron semillas y donde hubo uno
ya había dos

¿Cómo el hombre se alejó de Él?
Cosechó odio y lo repartió

Escalera

La vida desde arriba
toda bella indolente
es maravillosa
viva la opulencia

La vida desde el medio
remedio para los dolores
alejado de la pobreza
la cabeza hay que romperse

La vida desde abajo
empezar no sé por dónde
trabajo se pasa
comida y salud, ni pensar

Trayectoria

Si tan sólo mis años hablaran
¿cuántos meses tendrían que decir?

Semanas enteras buscando este día
en la hora exacta en que llegaste tú

Minutos infinitos para amarte
hasta el último segundo de mi vivir

Huellas

Te conocí en mi sueño
al amanecer tus huellas me despertaron

Seguí tu mundo
disfruté tu tiempo
al final, me dormí en tus huellas
cansado de mi sueño

Hipocresía

Miles de años convirtiendo agua en sangre
hoy más que nunca dicen que fue vino

Vampiros del Medio Oriente
separan las aguas cosechando uvas
seguirán partiendo la tierra en dos

Me prometieron la tuya
mis amigos divinos
la mía no me pertenece

Adán siempre tiene la razón
en el paraíso terrenal
es igual de siglo a siglo

Fuiste audaz al comerte la manzana
no hay fruta prohibida para ti
hoy cometes un gran error

Querer comerte la serpiente

Soledad

Me he quedado solo
¿quién lo iba a decir?
Después de habitar
entre tantos

Ahora, abundo en mí

Condena

Detenido por robarme un pensamiento vacío
por llenarlo de esperanza para ti

Ultrajado por mirarte a los ojos
cautivar tu mirada y tu interés

Humillado por polinizar tus labios
convertirlos en colmena para mí

Acusado cobardemente de ladrón
conclusión de algunos

No hubo odio en mi sentencia
pagar lo robado con amor

Y tú eres mi condena

Juventud

Me gustaría llegar a viejo
sólo por el tiempo
que se dura en el camino

Llegar
con la juventud de lo recorrido
vivido al andar

Gustavo Franco

Cosecha

Siempre hubo esperanza
en el colorido transcurso de mi vida

Sembré mis frutos
por la causa, aporté todo mi ser

No todo se ha terminado
cuando ya no queda nada

Quedan cenizas
queda el vacío
y queda el tiempo
para volver a empezar

Pena

Violada en su sexo
abrió sus piernas y le introdujeron
palabras en su cerebro vaginal

Gritó, no pidiendo ayuda a su profanación
se sintió herida en su virginidad
por la falta cultural de su interior

Emitió un sonido gutural de dolor
no le gustó fue su impresión
el placer de leer la abrumó

Aún con el semen en su mente y
la sangre entre sus piernas
su imagen mancillada
carecía de emoción

Ahora entiende el gran placer
de la cultura
violada una y mil veces
ninguna física y sin temor

Gustavo Franco

Cada una es un orgasmo emocional
diferente a la violación de la carne
inmoral, abusiva y desgarradora
dejando huellas para llevar

Soñando

Te regalo un sueño
que a tu piel se adapte
que no muera al amanecer

Un sueño profundo
en tu interior
que tu rumbo no cambie

Un sueño único
en su trayecto
uno de victorias

Un sueño
para soñar otros

Geofigura

La vida de figura en figura
parecida a una línea sin fin
terminada en un segmento

Segmentos conectados en un triángulo
que llevan a la cúspide trapecial
con subidas y bajadas

Monótonas a veces
en círculos concéntricos

La vida aspirando a espiral

Vida y muerte

El día más apreciado de tu vida
el día de tu muerte
sólo después de muerto
podrán contar lo que fue tu vida
logros, errores, planes e ilusiones

Si la vida trae gloria
la muerte trae mucho más
trae la tranquilidad de la paz
nos asegura que ya no haremos daños a otros
tampoco daños nos harán

Aprecia tu muerte como aprecias tu vida
al fin y al cabo son
dos lados de una misma moneda
que alguien arrojó por ti

La fuerza con que fue arrojada
el tiempo que dure en el aire
y el viento alrededor van
a determinar tu ser

Así que cuando veas una moneda
recógela, pues podría ser
la historia de una vida

La tuya

Fin

Días, semanas, años
todo es historia
futuro tal vez o
presente en este instante

Al final del último minuto
no quiero pasar mi vida
contando segundos

Las horas han muerto
sólo me queda el recuerdo
de lo que fue el tiempo

Cautiverio

Estando a tu lado
el sexto sentido me funciona
llenas de imaginación
cada uno de mis pensamientos

El tiempo se escurre lentamente
me queda en el corazón
el último minuto
que te hice feliz

Hoy, mañana, y siempre
atrasaré sin motivo mi reloj
aunque en tu espacio carnal
toda mi vida me mantenga cautivo

Mansas

Ovejas con garras en la boca
que indigestan al lobo

Todas sumisas
devoradoras de imagen

Todas blancas
con su mancha interior

Profanando jardines
en su paso arrogante

Llevando colmillos
en ausencia de amor

Humo

La mirada aún estaba en el aire
queriendo decir algo con su silencio
estremecido quise buscar en el viento tu aroma

Pasaron sólo unos minutos
no tuve tiempo para tu ausencia conjugar

Borrada de mis sentidos
quedaste grabada en la nada

El aire me observó de nuevo
con cierta indiferencia
insinuando tu presencia, tal vez

En un intento vano por conservar tu esencia
te escabulliste de mis manos
tristemente de mi mente

Ahora

El momento ha llegado
ideas, pensamientos y otros
han quedados en el olvido

Cualquier intento de sentido común
será considerado una rebelión

Tenemos que reunir
letras y sílabas
hasta finalizar el vocablo

Rescatar la palabra
aunque no podamos pronunciarla
al hablar

Unidad

La amistad, es cuando
el Norte se une al Sur
el Este al Oeste
y todavía quedan
puntos cardinales
para unir con amor

Morir

Morir por primera vez
una tarde de primavera

morir como cualquier gusano
en verano, su primer día

morir siendo un retoño
en otoño o a mediados

morir sin llegar al infierno
en invierno, al principio o al final

Morir con la estación
en cualquier momento

Un día

Gustavo Franco

Mi recorrido a ti

Navegaré tus lágrimas
en busca de tu mirada

Recorreré tu pulso
hasta tu corazón

Respiraré tu aire
escucharé tu voz

Tú eres la culpable
de mi trayecto

No salir de tu mente
mi ilusión

Mirarme al espejo
y encontrar dos

Cuerdos

Hay quienes nacen locos
los que nacen para ser locos
y los que quisieran ser locos

Estos son los inteligentes

Rastros

Pasaste por mi vida
dejaste huellas
besos impregnados
por todo mi ser

                                Ahora te sueño
                                en cada sonrisa
                                y no dejo de reír
                                al despertar

Colocaste tu cuerpo
sobre el mío
cual si fuera una copia
en un simple papel

                            Mi corazón vacío dejaste
                            con tu seductora figura
                            te adueñaste de todo
                            incluso de mi amor

Huellas difíciles de borrar
esparcidas por todo mi ser
todas ellas para vivir
en mi loca mente

Rivalidad

No expreso lo que siento aquí
por la rivalidad entre mi mente y mi boca
mi mente sólo habla con el pensamiento
mi boca expresa silencio sabiamente

Mi boca se adelanta a la realidad
dejando a mi mente estupefacta
divulgando a los demás
ideas concebidas de antemano

Debo a mi mente convencer
si está consciente y piensa
que la boca al contrario
expresa, pero no siente

Ahora que mi mente es libre de mi boca
que ya no provoca su acción
brotarán en armonía las ideas
que mi mente quiere expresar

Entrega

Esta noche tuyo seré
me entregaré a tus sentidos
te daré cada minuto de mi cuerpo

Atrasaré mi reloj
para que me aproveches más
sólo el alba estará presente en esta fusión de amor

En su trayecto sonará el río
cantarán los pájaros en el monte
porque tú me habrás consumido
como un proyecto las horas

Deslizarás tus manos
por lugares precisos
para sacarme el amor
de este laberinto

Esta noche voy a ser tuyo
me entregaré en cuerpo y alma
aunque vacío me quede

Un día sin horas

Mi cerebro es el gran cómplice
de esta entrega fortuita
mi corazón el único testigo
de esta gran pasión

Esta noche voy a ser tuyo
me entregaré a tus sentidos
uniré la tierra y el cielo
que divididos nos tenían

Siempre

Dos ojos sin desgracia
no sienten

Un corazón con distancia
casi ciego

Un cerebro incapacitado
por varios siglos

Un ser gusano
perdón
un ser humano

Eternidad

El fin a veces está cerca
otras veces distante
pero nunca sabremos la distancia

Pasarán los años en el espejo
reflejados en la página histórica
ilustrada por el tiempo

Regresarán triunfantes, derrotados otros
darán la vuelta a la existencia una y otra vez
en viajes cortos, largos, interrumpidos
y en los que nunca se hicieron

Escultura

Hay una bestia en cada uno de nosotros
controla nuestros instintos, determina nuestro ser
nos llena de idioteces, de realidades fingidas
proveniente de un mundo extraño

Un ser mitológico, un *Idrovus* griego
ente desconocido habitando mentes imperfectas
viviendo con nosotros, hoy, ayer y siempre
en mundos paralelos

Hay cosas que no puedo decir, no me atrevo
creer en ovnis y extraterrestres
verdades ocultas de frente al sol
conocimiento superfluo del ignorante

Vivo mi maravilloso mundo de porquería
navegando el placer que da la inmundicia
viviendo con el honor de un pordiosero
sacrificando creencias, apariencias y salud

Hoy me encuentro en la otra orilla
y otros relatos describen mi realidad

no todo es placer en abundancia
lo más difícil fue cruzar el río

Al verla con todo su esplendor
escudriñando cada rincón de su cuerpo
dándole a comer la fruta prohibida
mi gran diseño... creando a Eva

Sin medida

Quisiera haber nacido en otra dimensión
donde no se mida el tiempo
sólo transcurra
                Donde el espacio no sea limitado
                      por coordenadas absurdas de
barras horizontales, verticales o círculos concéntricos

La velocidad obstáculo no sea
para ver la luz iluminando
los rincones oscuros de cada ser

          Una dimensión de cuarta o quinta generación
                      donde lo material
                    no sea la materia prima

Lo esencial no sea
la religión, el color, el poder
sino el verdadero valor del ser humano

              Quisiera haber nacido sin dimensiones
                  donde no haya que medir nada
                    ni siquiera el pensamiento

Acerca del autor

Gustavo Franco nació en Santo Domingo, República Dominicana. Obtuvo en 1978, el título de Perito en Electrónica Industrial del Instituto Politécnico Loyola de San Cristóbal. En 1985, se graduó en Ingeniería en el Instituto de Telecomunicaciones de Leningrado, URSS. Reside en Estados Unidos desde 1989. En 1995, obtuvo una Maestría en Educación Bilingüe en The City College of New York. Durante veintiséis años trabajó como maestro para el sistema educativo público de la ciudad de Nueva York. En la actualidad es educador en The Children's Village, una organización sin fines de lucro.

Su poema «*La gran creación*» fue incluido en el 25^{avo} aniversario de la revista *Hybrido* del 2022. Publicó su primer libro de poemas titulado «*Después de la sombra, el río*» a mediados del 2023.

Algunos de sus poemas fueron publicados en la Colección Poética LACUHE 2024.

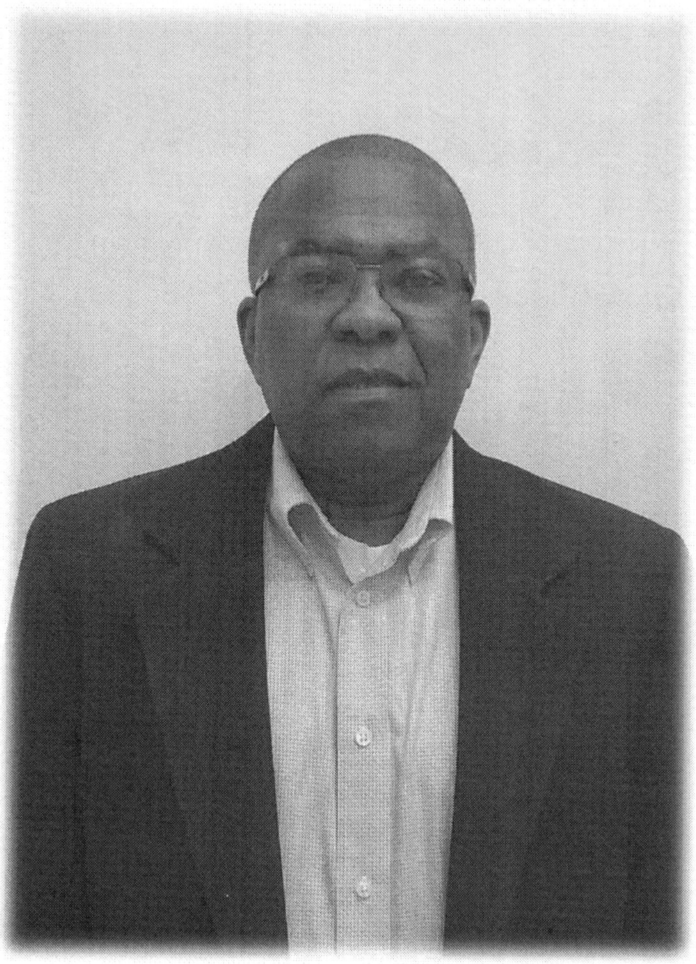

www.lacuhe.com

Made in the USA
Middletown, DE
29 June 2024